Meer inligting oor GELD

Leer hoe om te spaar, kry uit die skuld, belê, kry jy meer tyd en verhoog jou inkomste.

Meer inligting oor GELD

Deur

Jose Armando Herrera

gereproduseer, geskandeer of versprei word in papier of elektroniese formaat sonder magtiging nie. Moenie deelneem aan piraterij van kopieregmateriaal of aanmoedig nie, aangesien dit 'n skending van kopieregmateriaal is. Koop slegs gemagtigde uitgawes. Die meeste boeke van José Armando Herrera / JAHT is beskikbaar in onbeperkte hoeveelhede, promosieverkope, fondsinsamelingsgeleenthede en opvoedkundige kwessies wat met finansiële onderwys wêreldwyd verband hou. U kan ook spesiale uitgawes of fragmente vir spesifieke behoeftes skep. Vir meer inligting Skryf aan ons pos

consejosdecrecimiento1@gmail.com

Indice

Meer inligting oor die geld.[1]

1. Die krag van geld

2. hoe SAVE as stelselmatig en uit te vind.

3. As wat ek kan BELEGGING my geld.

4. Wenke om op te hou SKULDE sleg nie.

5. genereer meer INKOMSTE en meer produktief wees.

6. Hoe om meer TYD om alles wat ek wil doen.

7. Hoe laer UITGAWES en om meer te spaar.

Prolog

In my voortdurende soeke oor byna 20 jaar van navorsing en gretigheid om al leer oor die geld, wil 'n maklike formule te vind om aansoek te doen en aan te pas by enige area van die lewe en kan dit verduidelik in hierdie boekie en dit kan verstaan selfs 'n kind van agt jaar. Soos ons reeds gehoor of gesien het, weet ons dat geld is 'n produk of 'n instrument wat gebruik word om goedere en dienste te koop om ons lewens makliker te maak. Ander gebruik dit op ander maniere en net te gee gebruik dieselfde geld om te leer hoe om meer en meer geld te maak, ja, dit is die ryk, hulle weet dat as hulle die geld spandeer hulle dan kan hulle nooit miljoenêrs geword .. . In teenstelling met die armes, Vandag spandeer hulle die hoop dat môre die oggend sal verskyn en so aan sedert sy lewe begin totdat hulle sterf. Geld is baie slim, baie lewelose voorwerp maar lyk, voel en het gevoelens. Jy het iemand wat 'n klomp geld verdien en mors dit so dat nooit weer eens 10% van die bedrag verkeerd bestee sien gesien. Hierdie lang tyd waar ingendrará nie sien baie kinders en 'n fortuin is nie. Die secrecto die sukses van die ryk en miljoenêrs is dat jou geld is altyd goed versorg nie saak hoeveel dit is egter minimaal altyd in 'n staat van groei. Want hulle weet dat die enigste manier om geld te maak is geld en indien die geld nie waardeer dit wanneer jy begin, sal dit nie met julle wees vir alles wat jy wil.

Wat ons wel kan sê, is dat die geld eers na die wyse man omgee kom en verskyn dan ook in hul sakke en banke.

Ek het hierdie boekie vir jou dit is ook dieselfde twyfel en kommer dat ek 'n begin en dit is belangrik dat jy leer baie vroeër ouderdom as wat ek gedoen het en om sy lewe te vervolg op die pad van rykdom en persoonlike finansiële, professionele en familie welsyn. Want hoe vroeër jy inisieer beste resultate te kry, natuurlik, as jy dinge doen as hulle moet gedoen word, niks om dit vinnig en maklik om te kry, wat geld op hierdie manier bereik is nie geld wat kan slaag om jou kinders en kleinkinders, nie geld wat jy rus en vrede, en om eerlik te wees, niemand wil geluk hê as in enige moontlike manier sal geniet 'n rustige wyse en in volle harmonie met jou geliefdes.

Wat ek wil hê, is dat elke dag meer mense opgevoed in die bestuur van geld en gewoontes wat moet ondergaan om hierdie instrument ruil maak 'n groot goed om jou lewe te versier en vir ewig bly en die belangrikste dien sodat ander 'n beter lewe kan hê deur jou dit kan lei tot 'n beter pad en selfs bied finansiële hulp soveel mense as wat jy kan in die wêreld.

Ons weet almal dat nie almal het dieselfde geleenthede om finansieel te groei en altyd sal wees mense op die hand om hulp en ander kant hulp aan te bied. Ons is besig om met die hoop dat diegene wat die geluk aan diegene wat hulle meer elke dag kan bied en is 'n direk eweredig werking as meer mense beweeg van die ontvangs van minder wil om te help gee.

Meer inligting oor GELD

Ten einde welvaart moet jy eers die mense te dien, moet jy eers gee sonder om iets terug te ontvang, dan kan jy skuif na 'n status waar jy betaal vir wat jy doen kan eis en dan begin jou loopbaan graad in rykdom.

Onthou dat die mees waardevolle ding wat jy kan kry om te koop met geld is die tyd van ander. As jy meer tyd, meer geld wat jy kan doen en jy kan meer tyd te wy aan wat werklik belangrik is in die lewe, familie nie. Baie keer mense gaan die lewe werk en gesin werk, maar nie met tyd saam met familie.

Die krag van geld

Finansiële opvoeding en meer:

Geld bevat 'n oneindige aantal beginsels en programme vir elkeen van die sewe miljard mense op die planeet, wat in baie gevalle die meeste mense gemiddeldes nie hanteer of is heeltemal onkundig ten opsigte van die bestuur en administrasie van geld as lewensbestaan.

Geld werk in alle areas van ons lewens, is 'n baie belangrike en ander minder so, maar wat is absoluut waar is dat niemand kan leef sonder. Daar kan mense wat met 'n minimale toelaat, maar dit beteken nie dat hulle die begeerte om te lewe soos hierdie uit eie keuse, eerder is dit moeilik om 'n groot skaal te kry. Niemand het gekla oor 'n klomp geld, die ryk en miljoenêrs sê geld nie jou gelukkig te maak, maar dit is baie beter om te lag wanneer jou bankrekening nommers en het baie nulle aan die regterkant eerder as om 'n leë rekening. Een of ander manier is dit belangrik om te leer oor dit, of jy betrokke raak in enige van die kwadrante van kontant, soos WERKNEMER Eie Onderneming, eienaar van COMPANY OF belegger

Meer inligting oor GELD

Jy belangstel om te weet oor geld maak nie saak wat jy die meeste van jou tyd, of in besigheid of net spandeer om jou persoonlike finansies te bestuur. Geld is baie belangrik in elke aspek van ons lewens. Dit is 'n middel tot 'n einde en is 'n instrument vir al die werk wat ons daagliks doen, dit stel ons in staat om dinge meer doeltreffend en vinniger te doen, stuur vir ons op dae waar geen geld sou ons ligjare neem. Dit is die basis van beweging van alles rondom ons. Soos die aarde draai om sy eie as, geld maak byna alle aktiwiteite op die planeet, behalwe vir die natuur wat outonoom en onafhanklik van alles werk.

Geld is en sal die mees noodsaaklike middele bly om motor te voorsien en bied hulleself met alles wat daarin is, behalwe die waardes, houdings en alles goddelike, sê geloof, liefde en respek vir God en ander.

In die begin was daar geld, daar was net die behoefte om iets wat so alles sal koop skep, en dit was nie. geld en daarmee saam die ryk, kapitaal en groot wêreldmagte gemaak. Mans met geld begin om te doen wat hulle wou (baie val in diktatorskap en onbeheerde fascisme), het gedien as 'n gids vir konings, keisers en regeerders, om te oorwin, te oorheers en onderdruk diegene wat nie het nie en dat een of ander manier hulle teenstelling met groot kapitaal.

Die geld gedien baie afstootlike planne, was en is nog steeds veroorsaak baie oorloë en talle sterftes wêreldwyd.

Nie alles was die kleur van die nag, is ook gebruik word deur mense met helderder as diegene wat net gebruik dit ten kwade mense soos Thomas Edison, Henry Ford, Nicolas Tesla, en vele ander wat deur middel van hierdie wêreld geslaag en verander gedagtes met dien verstande in een vorm of bevolking 'n ander bekende byna die wêreld se.

Geld is 'n onweerstaanbare krag in staat is om die transformasie van die diepste emosies. Geld maak die wêreld. Geld onthul die ware persoonlikheid van die mense wat dit in besit te neem. Niemand met geld weg te steek sy emosies, bring of hulle positief of negatief, geld is krag, outonomie en fasiliteer besluitneming.

Dikwels die menslike verstand kan irrasionele besluite te neem wanneer dit kom by geld, maar ander op die teendeel die geval van geld al is hoogs vaartbelynde.

Nie alles is elke dag geskryf oor geld op dieselfde groot vrae ontstaan en dit is moeilik om te weet wat 'n ander manier van ruil mag ontstaan in die komende dekades, of die volgende eeu. Intussen sal ons 'n bietjie van alles wat ons het geld gesien, maar met 'n platter en meer vermaaklike taal te leer.

Mense spandeer meer tyd te dink oor geld as enigiets anders in die wêreld, oor hoe om te kry, hoe meer, as wat ryk verdien, ander in hoe om te belê, hoe om erfenis en wat om te doen om nie die einde verhoog. Geld is sinoniem met kommer in alle aspekte, hetsy deur 'n tekort meestal tendens wat is meer, die ryk ook bekommerd oor die geld nie, maar nie met dieselfde emosies as die armes, die rykes minder slaap te dink oor die geld gemiddelde mense, aangesien hulle groot belegging en risiko besluite oor hul geld maak hulle nie stil wonder of daar 'n ramp in die wêreld om hul beleggings te verswak en bly in bankrotskap kan wees, so wat geld weet diversifiseer beleggings in verskillende belegging kategorieë ......,

Dit is belangrik vir hulle om in kennis gestel word as om besigheid en geld, moenie slaap of wakker word sonder om te weet wat gebeur het in die uur wat afwesig is van die wêreld nuus was. Die geld is dikwels primêre oorsaak van stres, hoewel hy nie in besit neem wat dit veroorsaak meer stres dit te veel. Daar word aangetoon dat miljoenêrs omgee so baie van hul geld as dit is 'n swak sorge net twee dollar het, dan het elkeen 'n emosionele waarde nie presies in verhouding tot die waarde van geld self. Anders, in baie gevalle emosies speel 'n belangrike rol in ons lewens, in die geval van geld of nie. Dinge het geen waarde in sigself, is die waarde wat ons elkeen van ons maak 'n paar waarde in die mark.

Een van die belangrikste reëls van geld is dat jy eers moet sorg vir die klein pennies en klein dollars, want as jy nie omgee as jy bietjie moet gaan dit nie doen met die baie, nie omdat hulle nie weet sorg vir hulle is baie, maar omdat nie baie geword, omdat die descuidaste toe hulle nog suiers. Waarom die meeste ryk mense in die wêreld hulle erken as 'n paar verbruikers, en baie voorspoedig, het hulle nie mors selfs met miljoene en miljoene, is sy universele wet, nie so mors nie dat dit nooit loop uit. Terwyl besit niks en niks oor geld leer ken, dink dat wanneer jy spandeer op dit wat jy het om te spandeer sonder enige situasies, presies die rede waarom hierdie mense het nie geld. Geld is soos 'n magneet, sit jy 'n bietjie en dit trek meer, Dit verhoog 'n bietjie meer en hulle lok meer en meer na die droom vir almal ... miljoen geword. Maar as jy nie laat hoe groot hulle kan raak regtig nooit ten volle te ontwikkel. As jy moed opgee nie, verloor jy, as jy nie duidelik dink, verloor jy, as jy nie voortgaan om aan te dring op besparing en belegging, jy verloor.

Jy weet hoekom mense so ryk?

Kennis is mag. Kennis oor geldbestuur is wat jy 'n ryk maak. Ons weet mense wat 'n goeie spaargeld verdien min en ander wat elke maand 'n groot salaris verdien maar hul rekeninge is nul of baie min geld. Dit is noodsaaklik om die fondament van welvaart en gerief van 'n goeie gehalte van vida.Cuando skep 'n verhoging in salaris, begin om inkomste uit ander aktiwiteite ontvang, verhoog nie teen dieselfde tempo jou uitgawes, daar is iets terug die armes armer, is om alles te spandeer hy en nog baie meer, terwyl mense ryk gedagtes weet dat geld bring geld en as jy belê dat dieselfde geld genereer meer geld en so aan totdat dit 'n vlak wat nie meer bereik hoef te bekommer oor werk harder en harder om jou rekeninge te betaal, Hoe meer jy leer oor hoe om jou geld te bestuur nie, tensy jy het om te werk, in teenstelling met iemand wat nie opgevoed word oor die onderwerp van finansiële onderwys, sal elke armer as inflasie altyd sal wees bo die inkomste wat hy kan produseer nie. Dit is hoekom ons weet dat elkeen wat werk harder is nie wat bereik wen meer geld, indien nie, inteendeel, wat slimmer werk wat uiteindelik daarin slaag om rykdom en oorvloed wat daar wen en dat ons almal kan bereik.

Jy kan nie aanhou werk dieselfde ding wat jy altyd gedoen het as jy besef dat oor die jare het nie gevorder nie eens 10%. Something're doen verkeerd of is daar iets wat jy nie weet nie. Die oomblik wanneer jy besef dat slegte rommel en jou brein begin om anders te dink en probeer om verskillende gedagtes genereer teenoor die vind van 'n oplossing vir jou geld probleem. As jy fokus op die vind van oplossings vir jou ekonomiese en finansiële probleme wat die heelal stort hul energie in die rigting van jou, sodat jy het die vermoë om al die geleenthede te omskep vir persoonlike groei en financiero.Has gehoor die frase ... "Alles wat jy fokus uitbrei "is baie waar, kan jy bevestig met 'n eenvoudige voorbeeld, sê net vir iemand wat wil motor merk te koop, Sedertdien inisieer 'n soektog in jou gedagtes dat jy nodig het om 'n motor soos wat vind en sien dat die straat dekades van dieselfde motor sal vind en voordat jy verby dit ongesiens. Na afloop van die lig gekom op in jou oë wat jy 'n motor te vind met sulke eienskappe, sal jy agterkom dat die strate is vol van daardie volgorde. Dit is ook wanneer ons program ons brein om geleenthede vir persoonlike groei vind, as hy inderdaad is vasbeslote om haar te vind, verskyn hulle oral. Het jy al opgemerk in 'n vergadering met ryk individue, entrepreneurs of byna almal het hulle stories te vertel oor die geleenthede wat by 'n sekere punt in hul lewens. Op daardie oomblik gedink jy omdat Ek nie daardie geleentheid   is   aangebied   om   my.

Het jy geweet dat met 'n korrel bone kan jy 'n hele veld te plant? Na afloop van die eerste oes sal jy plant meer en meer plante om hulle 'n volledige sembradía van habichuelas.Así dieselfde geld te maak werk, as jy 1 dollar by die werk en dit elke dag sal belangstelling na 'n paar jaar te genereer sal nie meer 'n Amerikaanse dollar wees indien nie baie dollars wat op sy beurt genereer meer dollars vir hulself, is wanneer jy besef dit is wat jy moet doen, plant en saai totdat alles outomaties werk en nie meer om op te staan teen 06:00 om te werk vir geld.

Die geld sal werk vir jou, begin 'n plan om finansieel te voed jouself en sien die verandering in jou lewe in weke.

Ons weet almal dat die omvang en belangrikheid van geld in ons lewens, selfs as jy sê dit is nie belangrik ruil is 'n instrument wat ons kan nie sonder dit oral in die wêreld en in enige sosiale stratum leef.

Die eerste stap om besparing is noodsaaklik trabajar.Es die redding van die lewe van elke persoon en vir diegene wat wil om ryk te word. As jy regtig wil om geld te spaar, is daar sekere gewoontes wat geïmplementeer moet word voordat ons spaargeld kan uit te voer. Die organisasie is noodsaaklik in die eerste plek, want dit is wanneer ons weet hoe om geld te loop. Ek het bekend mense wat wil 'n paar wenke oor persoonlike finansies, hierdie mense verdien goeie lone, en selfs hul eie huis (nie betaal nie huur en nie verbande), dit wil sê hulle het 'n goeie manier om hul plek te maak om rykdom te spaar en belegging in plaas daarvan om die situasie vir my gesê het dat hulle nie weet dat hulle hul geld bestee en hulle 'n ontsnapping plan om te spaar nodig.

Een van die here het my meegedeel dat sy grootste probleem besparing is dat hoewel deposito geld in 'n rekening nie beheer word en opbrengste en neem dit uit voor die einde van die maand of 'n medepligtige koop om die voertuig aan die gang vakansie naweek of net om uit te hang saam met vriende uit om die disco. Dit is waar dat vir meer aan te gaan die maand nooit kry om 'n paar beskerm vir toekomstige besparing sien ....

'N Klant het ek ontwerp 'n plan wat bestaan uit verskeie stappe in die eerste maand te spaar en dat die geld kan dit nie raak nie, tensy daar 'n noodgeval.

Ek het gesê, julle vir my 'n hê waar ek beplan met besonderhede oor al jou inkomste en al jou vaste uitgawes. Dan wil ek u om my te vertel wat is jou grootste wisselende koste wat hulle aangaan maand na maand, my ook vertel wat motor wat jy het, hoeveel cc is die enjin en hoe dikwels jy dit gebruik, as jy 'n baie reis op die pad, gee my meer inligting oor as jy spandeer in supermarkte en middagetes in 'n gewone maand. Is die man het vir my gesê, maar dit is nie veel inligting? Ek het gesê. Wil jy advies en hulp plan of nie? Natuurlik ja meneer. Ok. Jy gee my alles wat ek jou gevra en dan gee jy 'n plan om te volg.

Die plan was:

Eerste stap:Ek moes alles wat aangegaan is en wat hy dag spandeer bedags, maand vir maand dokumenteer. Ek het gehelp om 'n spaarrekening te skep sonder toegang tot kitsbanke, die enigste manier om dit te bekom, besoek die bank in persoon, sowel, selfs al het ek die behoefte om geld te kry vir iets onbelangrik, tyd, en die beskikbaarheid van Weg daar was miskien belangrik om nie te onttrekkings wat nie baie belangrik redes was maak. Hierdie verklaring is geskeduleer om jou betaalstaat rekening paydays, 'n presiese bedrag in verhouding tot die deposito debiteer, as dit was 'n bank lening hy met die bank gehad.

Stap Twee: Elke deposito gemaak is deur die betaalstaat of enige ekstra dienste wat leen die rekening is geskeduleer om outomaties gedebiteer 5% (begin met 'n toename van 5%, afhangende van die skommeling en die bedrag geld wat ingresase), het gesê die geld was direk aan die rekening geskep het genoem: "Fonds en Investment Emergency"

derde stap: In jou sosiale aktiwiteite ingesluit ons 'n plan waarop net gaan om fees te vier saam met vriende een keer 'n maand, as hy vir constumbre ontmoet in die sosiale lewe gehad elke Vrydag wat geld bestee dikwels het nie of het gewen nie. Ek stel 'n maksimum bedrag vir sodanige doeleindes 5% van hul salaris te oorskry nie.

vierde: As die voertuig wat hy gebruik, voorgestel ek om dit te verkoop en koop een wat goedkoper is, en het 'n hoë-aangedrewe voertuig is vir mense wat geen finansiële probleme het, nie vir iemand wat 'n spaarplan nodig. Inluso daar is mense met baie geld en nie voertuie gebruik met beide brandstofverbruik.

vyfde stapEk het verduidelik dat in sy uitgawes het volle onbeperkte data planne, sowel mobiele en residensiële, ek het gesê, miskien weet jy hoeveel data of internet by die huis wat jy eet? Ek het gesê nee. Ek het hom die adres van 'n bladsy meting spoed internet wat hulself kan bevredig met 'n paar Megs Internet kan werk heeltemal reg. Ook in die sel, en op die oomblik jaar 2019, sodat die mense nie gebruik 'n baie minute vir oproepe, omdat die diens WhatsApp baie probleme en situasies opgelos sonder dat iemand. Beskikbaarheid het drie duisend minute, waarvan die maak van 'n ontleding van die uitgaande oproepe verlede maand, nie verteer selfs in 1400 minute, dus moet gered word vir daardie konsep 'n paar dollars per maand,

stap ses: Met betrekking tot voedsel buite die huis, of koop etes elke dag, neem natron en lekkers feitlik daagliks, ek stel voor dat op soek na iemand om te kook by die huis en daaglikse bring jou eie kos, aangesien op die strate mense spandeer meer of minder 255 van hul salarisse aan kos en drange, wat per ongeluk elke dag verarm en dan wonder hoekom arm bly ten spyte van so baie werk. Ek het vir hom gesê om te onthou van die koop koeldrank mid-middag as 'n snack in die kantoor en slegs koeldrank met middagete of dit was so veel kafeïen verslawing. Statisties verslaaf aan kafeïen, mense spandeer 'n gemiddeld van 5% van hul salaris.

Meer inligting oor GELD

Voltooi drie maande met die plan gemaak het, het my kliënt oor 'n volle salaris gered nadat die ontleding van al die onnodige uitgawes wat gedoen en het nie besef. Vir wat dit is wat ons nie geld fizzles wanneer ons bewus van elke peso ons spandeer word

Uitgawes moet hulle verduidelik in, wat noodsaaklik is, prioriteit, en enige ander uitgawes. Dit is duidelik dat jy kan niks doen nie met die noodsaaklike, as hierdie soos sy naam suggereer kan nie sonder hulle leef, soos huishuur, kos, reis en brandstof, maar met prioriteit kan na die tyd van betaling wat nie so uit te brei dringende. Vir Sosiale of snaaks, soos middagete saam met vriende, gaan fliek, eet op die straat elke dag, koop klere nie so nodig, ens, hierdie uitgawes ook genoem uitgawes miere, vir hul karakter so herhalende siklusse en soms sien ons dat onbelangrik is, maar dit is nie, die uitgawes is wat werklik maak ons baie moeilike situasies,

Dit is belangrik dat ons rekords van alles wat ons spandeer en wat ons ingegaan het, moet die einde duidelik te wees wat ons spandeer op dinge wat ons nie so nodig en so ons kan nie spandeer. Ons moet in ag neem dat as ons besluit om 'n paar bedrag van geld te spaar wat jy hoef te begin sny koste of andersins verhoging van inkomste, maar as die laasgenoemde is dikwels nie beheerbaar van die oogpunt van gewone mense beter besluit vermindering van uitgawes wat nie so nodig en wat altyd gebruik maak van hulle te inconscientemente.Las ryk mense op 'n slag in hul lewens het hierdie maatreëls lank voor hul sakke is wat geraak word deur die opeenhoping van skuld, dinge dat diegene wat nie geld kan bestuur en as hulle nie wil doen is reeds in 'n moeilike situasie. Die feit dat jy beskikbaar het op jou kredietkaart, beteken nie moet jy dit gebruik, is dit 'n groot fout om al die kaarte te gebruik om al jou uitgawes te delg en nie hou goeie rekords van wat jy kan eet in die maand en jy kan betaal op tyd want dan is die belange en dorings vir vertragings terugkeer jou lewe hel.

Een van die dinge wat ek beveel is dat ons meer as twee kaarte en nooit val in boetes en rente, as ons gebruik maak van die twee moet die koste van elke skei. Byvoorbeeld, gebruik 'n supermark slegs vir brandstof en vir betalings en ander dienste soos telefoon, kabel, Internet, elektrisiteit, water, ens, sodat jy altyd alles kan betaal kop bo water te omdat jou uitgawes altyd moet wees onder jou inkomste, maar dit beteken nie so maklik om te doen dit nodig is om dit te doen klink. Skep gewoontes wat lei tot die besteding van minder as sy inkomste, of sit jou hart in die werk en die verhoging van jou inkomste so jy hoef nie om hul lewensgehalte te verlaag, wat dikwels wat die meeste kwellende mense wat niks van weet geld, hulle vind dit ongemaklik om ontslae te raak van 'n duur motor een goedkoper koop en verbruik minder, dit alles deur te dink oor wat ander sê. Die ryk het nooit geleef verskynings nie, inteendeel, ryk weet iemand dink jy het selfs 'n derde van wat hulle eintlik. Ander dink hulle is ryk miljoenêrs en net 'n goeie werk, mooi huis en fancy kar, niks van 'n veilige toekoms.

Onthou om te lewe vir jou en nie vir ander mense altyd kwaad of goed van spreek nie, jy besluit of hulle jou lewe sal leef of jy leef jou pad.

Tot volgende raad te leer oor geld.

HOE OM stelselmatig verlos uit skuld

As ek kan red, ek het nie daardie gewoonte, kan ek doen.

Die fundamentele deel van die finansiële lewe van 'n persoon is soos jou tyd en geld te belê. As jy iemand wat aan die einde betaal die rekeninge en dan as daar enigiets behalwe dit is, sal jy nooit geld om te belê het. Die waarheid van dit alles is dat vir hierdie gebring om ons diens te neem en betaal ons skulde, ons nooit iets gesê soos ... Empléate vir 'n rukkie, gebruik daardie geld te spaar en belê dit in iets wat dieselfde geld gegenereer wil werk sal gee dan as jy tyd diens het al jou tyd op soek na ander maniere om geld te maak. Maar vroeër. om die gewoonte van spaar eers moet jy dink dit is baie belangrik om jou werk te kweek, soms het ons nie veel impak besparings sien vir ons lewe, natuurlik, ek dink dat net diegene sonder die gewoonte. Jy moet jou brein om te dink oor hoeveel jy gered en hoe meer jy nodig het om te spaar byvoorbeeld die huis van jou drome, jou nooit dink net wat jy verdien as aan die einde van die maand nooit iets om dit bestem vir iets wat nie betaal word gelaat program rekeninge en om pret te hê, net weet dat diegene wat geen finansiële opvoeding het altyd betaal jou rekeninge as die geld aan hom bereik en op die ou end sal wees niks meer oor om te spaar en sal voortgaan tot in alle ewigheid. Die regte ding is om te stel red 'n vaste maandelikse of tweeweeklikse en neem dit uit jou salaris voor die betaling van rekeninge, wat jou die geleentheid om jou brein te kry sal gee is wat verband hou met die soeke na meer inkomste en die verhoging van jou maandelikse spaargeld en vinniger aankom jou finansiële vryheid.

Jy moet fokus op dit wat jy jou geld elke maand spandeer om 'n ontleding van wat jy kan verminder of uit te skakel maak. Dikwels nie bewus ons geword van daardie onnodige uitgawes en het geen rede om te wees, net verskyn aan die einde van die maand en sien jy jouself verduidelik as jy daardie geld bestee. Dit is wat ek praat, sal ons die maksimum te verminder ten minste vir 'n rukkie al die uitgawes wat nie nodig is nie, maar die terugkeer van jou lewe in totale chaos, dan is dit vir min beplanning wat jy het in terme van jou geld betref.

wenke spaar:

1- Red as 'n eerste stap wanneer jy jou maandelikse, tweeweeklikse of weeklikse inkomste ontvang.

2- Fokus op iets wat van groot waarde en 'n doel 'n doel om daardie geld te versamel op 'n spesifieke tyd.

3- As jy sien dat dit wat jy spaar kan jou doel te voltooi, jy jou idees te diversifiseer, onderneem iets in jou vrye tyd.

4- Onthou dat die geld bestee is 'n geldmaak ander ryk, omdat jy nie papier kan verander aan julle wat ryk kan kry, sodat moet 'n paar goeie of diens aan te bied.

5- Geld spandeer jou spaargeld op verskillende planne, soos noodgevalle, aftrede, vakansie, ens

Konsentreer op iets wat jy wil en jy kan nie nou te koop vir 'n gebrek aan geld. Die beste opsie sou geld te spaar om dit te koop dan bereken die presiese tyd wat jy wil hê dat die geld het en maak 'n konkrete en bondige plan bedrae en dateer Handy geriewe soos geld spaar. Dan moet jy reeds hierdie plan moet slaag om die geld te kry, nie net om vassit in jou huidige salaris spaar, dink oor hoe jy daardie doelwit veel eerder as wat jy beplan kan bereik, sal 'n goeie idee wees om 'n ekstra werk te kry of soos hulle sê, 'n gekap. Dit is een van die beste maniere om te spaar. Ek weet van iemand wat 'n gereelde werk, maar die lewe as 'n skilder is op soek het, sê hy die salaris van sy diens is verbind tot maandelikse uitgawes en daar is niks om te doen, dan sal al die aanvang van die aktiwiteit van die skildery is wat die beoogde besparings. Dit is 'n goeie manier om te spaar, aangesien besluit dat alles wat die aktiwiteit log x sal spaar toegeken word. Jy kan dit doen solank so 'n aktiwiteit konsekwent uitgevoer word.

Vir diegene wat nie ander byt het nie, moet jy begin met wat jy het of kan, maak nie saak waar, wat belangrik is, is hoe konsekwent is jy in die totstandbrenging van jou doelwitte te bereik. Altyd in 'n bankrekening deposito selfs 1% van alles wat jy verdien, is dit raadsaam om 10% te spaar, maar ons oefen die gewoontes van besparing, sal ons stadig begin en dan versnel die tempo. As jy nie rekeninge of wil nie begin op die bank, want dit is baie min geld 'n vark (piggy) en elke dag te koop wanneer jy by die huis deposito al dikwels jy bring, dan wanneer jy betaal jou salaris inbetaal n vaste fooi (jy kan dit verhoog na gelang hoe naby jou maand), is dit belangrik dat jy vandag beveel na dag, maand na maand, sonder enige skuld, geword ag geneem word dat 'n pensioen vir jou ouers of jou kinders en jy kan nie gebruik van hulle te maak vir enige rede. Besparing is nie vir gewone uitgawes, so spaar genoem, want dit is iets wat jy moet hê en te belê sodat eendag nie meer te werk nie.

As jy dit moeilik vind om dit te doen in die bogenoemde Praat met jou werkgewer of jou bank waar jy geld deponeer en maak die spaarkoers sal gedebiteer word uit jou rekening en toegeskryf aan 'n waar jy nie kan aanraak aangedui wyse, dit is 'n baie praktiese manier om te spaar. In my vroeë dae het ek dit, dan het ek beheer oor my finansies en het geweet wat om te doen en wat om nie te doen om ontslae te raak van die kettings genoem slegte skuld, 'n gebrek aan geld en 'n gebrek aan beplanning.

Soos uit die skuld wat ons omring:

As daar is iets wat ons nie kan ontsnap is skuld, of dit nou goed of sleg is altyd op 'n sekere punt wat ons gaan speel lead met hierdie pynlike situasie. Die verskil is dat na die oppervlak kom so gou as moontlik en diegene wat in die agtergrond bly en wag vir 'n wonderwerk, so dat die bank verskuldig is verwyderde lêers vanaf jou skuld, en dit sal nie gebeur nie.

Wat ons moet doen, is om die bul by die horings as die ou gesegde lui, skuld nie betaal is nie deur die grootte van dit nie, maar deur die rentekoers wat jy hef, laat ons sien 'n paar voorbeelde.

As jy twee skulde, een van 'n woonstel wat jy moet U $ 120,000.00, 'n 12-jaar vaste koers van 9%. Aan die ander kant moet jy U $ 30,000.00, die aankoop van 'n motor, teen 'n vaste koers vir vyf jaar van 17,5%, dié skuld was op dieselfde datum en elk van hierdie betaling op tyd, dan na 'n jaar, jy daarin slaag om een te gryp ekstra geld uit 'n werk of bonus; As jy twyfel of geld verbou jou woonstel en so neem meer moed, jy bemes die woonstel lening of die lening wat jy afneem jou voertuig. Al jou besluite is gebaseer op emosies, nie logiese redenasie. Nou, die idee van hermodellering jou woonstel is goed, of die lening skoolhoof daarvan afneem, maar die hoogste belange betaal die lening op jou voertuig, so die beste besluit is om die geld so gou as moontlik te verlaat, betaal dit so gou as moontlik, want hoe meer skuld bly met hierdie aanklag jy meer en meer belang. Die punt is dat die skuld met die belange Iets is om eers betaal word. Dit sal meer kontantvloei te genereer en jy kan dit gebruik om dit te red en te belê dit byvoorbeeld in 'n ander woonstel.

Skuld nie betaal vir hulself, dan as ons vas in slegte skuld, die oplossing is nie net om te genereer meer betaal maandelikse rente te leer hoe om meer geld te genereer, sodat hulle meer skuld kon betaal nie en in minder tyd. As jy 'n ekstra werk te neem, moet jy aanhou om te lewe met dieselfde kwaliteit van lewe wat jy leef met die gebruik een as om te gaan 'n situasie ontstel jy moet opofferings te maak, hulle sal nie vir ewig wees, dit wil sê, selfs as jy leef 'n ongemaklike tyd hierdie situasie as jy iets daaraan te doen, op 'n stadium het alles verander ten goede. Soos die storie van Donald Trump, wat in 'n oomblik van sy lewe was in die skuld vir meer as 750millones dollars, het ander selfs hul eie lewens geneem om die omvang van sodanige finansiële probleme sien, maar Hy het gekonsentreer op die vind van oplossings en is nie geïntimideer as mense maak arm gedagtes, wat in plaas van die neem van die tyd om te leer uit die moeilikheid te kry, spandeer daardie tyd in besing sulke probleme. Miskien iemand verlaat het betreur probleme wat ek gekry het in hulle?. Nie regtig nie. As jy in hulle deur jouself, jy kan net uit te gaan, soms nie net kan so gaan jy moet weet hoe om te hou verband, het mense langsaan wat 'n verskil kan maak wanneer jy in die gat. As jy net vriende wat is erger as wat jy het, jy dink sal gebeur met jou toekoms. As jy in hulle deur jouself, jy kan net uit te gaan, soms nie net kan so gaan jy moet weet hoe om te hou verband, het mense langsaan wat 'n verskil kan maak wanneer jy in die gat. As jy net vriende wat is erger as wat jy het, jy dink sal gebeur met jou toekoms. As jy in hulle deur jouself, jy kan net uit te gaan, soms nie net kan so gaan jy moet weet hoe om te hou verband, het mense langsaan wat 'n verskil kan maak wanneer jy in die gat. As jy net vriende wat is erger as wat jy het, jy dink sal gebeur met jou toekoms.

Belê jou geld:

Wat om te doen met die geld wat ek gespaar het?

Dit is baie riskant om te belê, wil nie my geld verloor, is die denke persoon se swak gees, dink dat as hulle ooit verloor herstel die belegging, dit is dikwels the way, ek weet dit nie ontken nie, maar uit vrees vir verloor kan nie bly winless . Die groot fortuin is groter gemaak vir belegging redes. Het hulle ook nie bang om te belê? Seker nie, maar selfs met vrees hulle gedoen het en selfs al is hulle twee, drie, vier of 10 keer, verloor aan die einde van die ervaring, dus, is wanneer jy begin om te groei en just're wen in elke stap wat jy neem in die lewe.

Soms het ons onsself is die mense wat ons in 'n borrel van vrees gesluit en alles sit ons hulle geskenke, maar ... .Die enigste ding wat veroordeel ons is arm te bly vir die res van ons lewens. Is dit wat ons wil hê? Ek is veral altyd gehaat armoede, is dit 'n geestelike toestand van die mense wat grootword in bose kringe dat die enigste groot jy kan bereik is om 'n kollege-graad, wat op sigself nie neem jou verby 'n swak betaalde werk het die volgende 40 jaar.

Vrees dat ons ouers kweek in ons sedert kinderjare, vrees kan nie hierdie omdat te koop as ek nie verkoop?, Kan nie belê in hierdie omdat die buurman misluk. Ek kan die oes nie waag, want dan moet ons eet ... dan, nadat Hy opgewek in 'n omgewing soos wat dit nooit my gedagte dat ons bied miljoenêrs gekruis en voor, was ook swak. Maar nie swak verstand, indien nie daar was 'n tyd in hul lewens dat hulle nie genoeg is om al die behoeftes wat hulle gehad het te bevredig nie, maar het miljoenêrs omdat hulle die moed om iets te doen vandag om die vrugte daarvan pluk môre, in die meeste gehad geleenthede is die deel wat ontbreek by die meeste mense, iets te doen vandag oor môre. Baie is van mening dat om 'n miljoenêr is die oornag miljoenêr iemand wakker word, en natuurlik, daar is mense wat daarin geslaag het om indien wel, maar dit was deur 'n gelukskoot dat hy die lotery gewen of geërf het 'n fortuin uit 'n familie wat ek jou moes net. Hoeveel mense in die wêreld dink hulle ryk geword het deur middel van hierdie twee weergawes Ek het vir julle gesê? Ek dink dit sou wees oor 'n aantal so 0,000000000000000000000000000000000001, die totale bevolking in plaas gemaak miljoenêrs hulself 5% van die wêreld se bevolking verteenwoordig, aangesien elkeen van hulle het so 'n briljante brein wat geboorte baie idees gee ontwikkel dat elke genereer meer en meer geld. Omdat die ryk sal meer geld elke dag maak? Dit is maklik om te weet. Sodra hulle besef hoe die wêreld werk, en sien die behoeftes van die bevolking, skep 'n diens, 'n idee, 'n goeie vir elke inwoner van die aarde, en byna agt miljard mense, dink jy hulle verkoop 'n diens of 'n boete van 1% van 10% van die wêreld se bevolking. Dit sou pretty much as 8 miljoen kliënte, ongeag van wat jy bied as dit iets soos en as jy kan om dit te verkoop aan 8 miljoen mense wat jy sal 'n miljoenêr so seker as wat die wolke is wit geword, (dit kan nie gesê word van die verklaar so seker as wat die lug is blou, die lug is nie blou, ons oë sien blou omdat dit duidelikheid wat die oog nie kan sien die brein hanteer generiese blou) weerspieël, sê dat sodra ontdek wat jy wil doen ten einde om ryk te word, jy moet optree as katte wanneer hulle op die uitkyk te wees vir prooi, nie weg te kyk van dit, hy weet dat met net 'n flikker dam kan draai in 'n ander rigting en dit sal verloor die verrassing faktor is sy grootste voordeel. Dit is hoe jy moet op die uitkyk wees vir geleenthede soos hierdie verskyn onder die kwas of vermom met 'n byna onsigbare pak, en as jy nie een honderd persent gefokus, nie regtig kom.

aan die einde gebeur wanneer 'n geleentheid klop aan jou deur en jy moet slaap ... jy besef nie dat dit gaan na die plek waar 'n ander wakker en bereid is om tyd te spandeer kweek daardie geleentheid. As sodanig is dit met my gebeur het met daardie pragtige meisie, so dit met jou gebeur wanneer jy nie op soek is na die geleenthede wat die lewe, nie sien nie kom nie, want hulle oë is op iets anders. Die menslike brein tree sodat as jy fokus op iets, dat jy fokus op uit.

Om te belê is eers nodig om die gewoonte van spaar te kweek, nou laat ons verstaan wat om te doen met die geld gespaar. Onthou wat net spaar aan die einde van alles, alles wat hy gedoen het, was verloor geld, dit wil sê, moet spaar altyd vergesel deur 'n belegging vir die geld wat ons is nie verdwyn, hulle het gekom om die geld in 'n besef spaarrekening in die bank nie gee ons 'n volhoubare wins, wat betaal jy rente is dieselfde amper dat u deur rekening te bestuur en sulke nonsens. As jy dit hou in 'n bankrekening of sit dit onder die matras dit sal nooit groei, in teenstelling, sal inflasie eet en wanneer jy dink jy het geld sal nie meer geld nie, maar eerder sent.

Beleggings kan van baie verskillende tipes wees, wanneer ons praat oor beleggings glo ons dat ons altyd praat oor die aandelemark waar ons kan koop en verkoop aandele van mega maatskappye soos dié wat op die VSA of Europa. Nee, ek het nie daardie beleggings nog bedoel, want ons is besig met 'n klein besparings en ons is nog nie op die vlak van 'n belegging in Wall Street.

Voordat ek jou te kenne gee wat jy moet doen met jou geld moet jy jou krediet voor te berei met finansiële instellings van jou mense. Onthou dat jy nie ryk sal kry met net jou geld, sou dit 300 jaar neem om die vlak miljoenêr bereik. Voorop te stel jy jou klein besparing in finansiële sertifikate met gekapitaliseerde rente maandeliks. Dan moet jy begin soek na wat jy wil koop as 'n belegging. 'N Goeie idee is om te kyk vir mense wat werk met Real Estate beleggings, dit is, is dié wat weet waar daar geleenthede in die veld, jy moet net jou verduidelik min of meer die bedrag van eiendom wat jy wil koop, sal hulle bel en jy sal gaan om hulle te sien, (Eye. Nooit koop die eerste een wat jy leer), sal daar altyd 'n beter behandel en beter behandel. Onthou jy net leer hoe om die geld gespaar belê.

Dit is belangrik om te erken wanneer 'n projek om te belê is nie baie riskant, dit is, is daar tipes maatskappye kan jy jou geld te belê en weet dat hoewel winsgewendheid is nie veel maar is konstant en nooit gaan om jou geld te verloor. Byvoorbeeld massiewe verkope maatskappye soos kos, medisyne, besteebare kantoor verskaf, instandhouding van besigheid masjiene, ens Onthou dat daar goedere en dienste wat ons kan bied of saam met iemand en bied jou nuwe bydraes en korporatiewe kliënte, sal kapitaal of diens te spuit jy hom bied advies en jou betaling gemaak word deur vee dit. Wat dit is 'n baie goeie idee wanneer jy jou geld, jou verstand en jou maatskaplike en ekonomiese welsyn te groei.

Belê in jou eie besigheid is die beste opsie wanneer belegging dit is nie, maar ook belê in ander winsgewende besighede jy die vermoë om daardie tipe van besigheid weet, vriendskappe met mense wat meer kennis kan hê as wat jy maak wat jy kry, leer jy verskillende ambagte en jy jouself voed uit 'n aantal lesse wat sal help om jou tyd te wy aan hul eie.

Soos sommige werknemers gebruik 'n rukkie, leer hulle die handel en verkry kliënte, vriende en kennisse en hervat met sy eie projek. Onthou dat in diens is nie sleg nie, slegte is die huur van jou vir jou hele lewe sonder om ooit te dink oor wat iets van jou en jy kan beheer.

"Dit is riskant om nie te belê om te belê", noukeurig lees die sin, sodat jy nie vergeet nie. Die belangrikste ding oor te belê is om te weet wat jy belê sodat ons die risiko's kan verminder, hoewel dit nooit gaan 100% uit te skakel, maar vertroue in jou kennis wat jy sal veiliger wees wanneer dit kom by om 'n goeie handel en 'n goeie besigheid.

Soos ek gesê het voor as jy vrees jy sal nie verloor te wen, want om te wen moet jy bereid wees om te verloor, is dit noodsaaklik en natuurlik moet verloor voor jy kan wen om te wees. Alle vorme van besighede te begin met 'n soort van tekort aan gelykbreek bereik en dan vervolg deur die manier van winste en daarom rykdom en sukses.

Jy kan nie in twyfel van wat jy wil hê, moet jy jou op te lei in alle aspekte van die veld wat jy wil hê dat die meer ervaar jy minder kan bedrieg of mislei nie ken nie. Big beleggers soos Warren Buffet en Donald Tremp, begin belê en te diversifiseer hul kapitaal sodat sonder om enige van sy beleggings kan herstel met ander, en / of bly heeltemal undercapitalized.

Uit slegte skuld:

Goeie skuld maak jy ryk, arm verarm jy.

Die kettings wat ons bind aan armoede geroep slegte skuld, skuld van onnodige aankope te doen of gedoen het in die verlede vir enigiets oor geld of persoonlike finansies sonder om te weet. Skuld dat daar maar wat ons koop is nie meer nie. Miskien is dit sinvol sulke transaksies vir ons finansiële lewe?, Nie regtig nie. Van nou af sal ons werk vir iets die moeite werd en as dit in die skuld aan te gaan dat ons, dit is iets wat aansienlike en ook tasbaar en dat die waarde daarvan styg met die verloop van tyd, soos 'n huis (in my land eiendomme Real Estate pryse nie daal, is dit nie in alle lande), kan ook 'n klassieke motor, kuns, ens

Skuld is soos metaal kettings wat aan jou nek as jy wil om te swem, hierdie halan jy aan die onderkant en moenie toelaat dat jy asemhaal of bereik jou doelwitte te bereik. Ek moet verduidelik dat ons almal skuld, maar nie dieselfde om te sê, ek skuld 100,000.00 aan die bank en weet nie wat jy bestee het, ek sê ek skuld 100,000.00 aan die bank en ek gekoop het die huis en kos 225,000.00. Hulle is twee baie verskillende stories, 'n storie wat 'n mens ryk maak en die ander doen al hoe swak. Watter een sou jy eerder wees.

Jy kan nie die rigting van jou finansiële vryheid as jy die meeste van die lewe te spandeer betaal rente en fooie na die aankoop van aandele wat nie belangrik is of is nie nodig vir jou daaglikse lewe. Jy kan nie by die ryk as jou skuld is nie finansieel groei.

Stel jou voor iemand met 'n uitstekende geestelike vermoë om geld te vermeerder, neem 'n lening aan die bank, het gesê die aankoop van kapitaaltoerusting tegnologie en verkoop dit op die internet, na 6 maande van die lening hy het dit verdubbel en in retrospek neem 'n ander groter lening en gaan voort om te groei en te groei tot die vlak van entrepreneur en vryf skouers ryk en ondernemende mense. In plaas iemand met meer vermoë om te verskyn om ryker as die vermoë om die geld wat deur middel van hul hande gaan groei, neem 'n lening en koop 'n luukse motor, ook skoene merk met 'n splinternuwe pas wees; in die oë van die mense wat hom ken hulle dink dat hierdie man is 'n ryk en intelligente persoon. Terwyl dit in werklikheid daardie persoon alleen het slegte skuld, inkomste verbind vir die volgende 4 of 5 jaar, selfs al is die luukse motor, dit verloor waarde met elke dag wat verbygaan. In plaas dieselfde geld belê in iets wat kontantvloei genereer, sal bydra tot jou sak elke dag wat verbygaan. Deur besluite soos hierdie is dit dat die rykes ryker en die armes armer elke dag.

Dit is normaal dat op 'n stadium in ons lewens in hierdie finansiële bande en / of kommersiële, want soms deur die oë aanbiedings sit ons 6 maande sonder rente en geval het toe hulle klaar laai en dink dat stereo jy wil in die nuwe Smart TV wat jy wil sien in jou woonkamer, of in hierdie spel van wiele vir jou motor, is eintlik dinge wat ons wil, maar hulle nie nodig het en ons moet leer om smaak behoeftes te skei. Sê jy koop die item wat betaal moet word in 12 maande in maandelikse paaiemente van $ 45. Jy het jou artikel wat jy wil, het jy 'n luukse, nou laat ons wat ons gee die kwessie van slegte skuld.

Voordat die item wat jy gekoop het jy gesluit die maand in positiewe eindig ontmoet?, Jy altyd geld links na betaling van die rekeninge?, Jy was getrou spaar 'n fooi vir elke inkomste wat jy ontvang het?

Miskien wou jy betaal jou nie gee wat jy nodig het regtig noodsaaklik as 'n dak, klere, kos, medisyne en brandstof of vervoer. Nou het jy ook om $ 45 meer as wat jy het om te kyk vir voordat, nou as die geld wat jy nie bereik, sal jy nie meer betaal 'n ander skuld wat vir nonpayment genereer belangstelling toename meer skuld te betaal, is hierdie siklus herhaal oor en oor weer totdat jy sterf of totdat jy jouself finansieel te voed, jy besluit. Dit is maar net een voorbeeld, want die mense is arm dikwels doen dinge hoe gaan dit met jou, wanneer jy uiteindelik iets te betaal kan nie sonder skuld en koop ander items wat dalk wil maar nie nodig. Het nie 'n sent in hul rekeninge en die ergste van alles is dat as hulle verkoop wat hulle gekoop het nie eens die helfte van wat dit kos gee.

Verandering van gedagte en lewe en nie meer gesig lyk gemaak persoon, niemand omgee as jy okay is of verkeerd is, net jy en naby joune, so hoekom koop dinge om voor te gee om 'n ryk, beter lewe as normale arm wees en dan om ryk te word. Rico is nie wat spandeer die meeste, of wat die meeste uitstallings is ryk wat langer kan duur sonder die behoefte aan 'n salaris.

Slegte skuld moenie dink eerder as om hulle te betaal, nooit oor hoe ek uit hulle kan kry en herwin jou finansiële welstand. Hoe meer ekonomiese probleme het minder tyd wat jy bo in besit te neem aan die oplossing van hulle te vind nie, tensy jy nie 'n persoonlike finansies deskundige en bestuurder van jou eie geld te maak.

'N Boks-vormige trap baie kleurvol. Kredietkaarte.

Banke is lief vir om jou te bel om jou te vertel dat jy 'n goedgekeurde kaart of 'n ekstra kaartjie perk of lening, al sonder dat jy vra of versoek, wat is die rede waarom daar so baie in die skuld en einde volk, want hulle het lenings en kaarte wanneer nie die behoefte is nie dieselfde jy 'n projek en uitgaan om befondsing aan banke probeer om lenings te neem omdat die bank vir hom gesê hy kan dit vat, onthou dat hierdie belange gelyk of erger as wanneer jy aansoek doen vir 'n lening wat regtig nodig sal wees om iets belangrik dek of begin 'n klein besigheid.

As jy 'n bietjie intelligensie sal besef dat die belangstelling vir nie betyds betaal jou kredietkaarte is tussen 4 en 5 keer hoër as wanneer jy 'n persoonlike of motor lening te neem, en as jy 'n huislening te neem sou wees 7 of 8 keer. Jy is nou verstaan waarom jy nie jou moet finansier op jou kredietkaarte? Ter wille van hierdie en baie ander redes die kaarte moet slegs gebruik word vir 'n spesifieke doel, dit wil sê as jy nie mond koop deur emosies gaan in 'n winkelsentrum, nie koop, want iets is wat aangebied word, maak jou aankoop neem van rede, of te koop, want hulle regtig nodig het of omdat dit iets tot 'n toename in inkomste, 'n werksonderhoud, of vir 'n vergadering te bereik, nooit te verskyn. As jy iets koop wat jy nie nodig, want dit is 50% van die prys,

Ons sal nie ontken dat kredietkaarte is 'n seën ook, waarom nie sê nie, maar hulle is net goeie gereedskap toe het iemand met finansiële intelligensie of iemand baie oplosmiddel wat logika is ook intelligent, omdat daar geen swak verstand word miljardêr tensy jy wen die lotto en dit is 'n baie afgeleë kans, maar dit kan gebeur.

Maar in plaas daarvan as jy kredietkaarte te neem om beskikbaar te hê op enige tyd wat dit gebruik en uiteindelik erger koop dinge wat jy nie kan betaal voordat hul vervaldatum. kom dan die bybetalings, boetes en rente gehef op jou kaart en dié belange en dorings te genereer meer belangstelling en agterstallige vir die maande wat voorlê, asof die bank het 'n finansiële sertifikaat met jou en jy sal maandelikse rente, die teenoorgestelde van betaal wat behoort te wees.

Dit is altyd goed om te wees op gelyke voet met data ekonomie, besigheid, belegging, ens, as ons wil armoede te oorkom. As jy sien 'n arm gedagte lees die koerant, is jy op soek na werk bied, noticas misdaad, die regering maatreëls en celebrity skinder. Nooit uit te vind of die dollar gestyg, olie laag of rose, of indien enige maatskappy in die openbaar verhandel aandele in prys verdubbel.

Solank as wat jy leef te blameer die regering sal nie hul probleme op te los, het die regering nie huis toe gaan en vra dit wat jy nodig het? Sy probleem is jy en niemand anders dink, onthou jy kan nie iemand anders jouself, of jou ouers, of grootouers, of hul werkgewers, of die regering te blameer. Hulle is nie die oorsaak van die probleem, is jy nie daarvan hou om te lees, hou nie daarvan om te dink, hou nie van laat werk in jouself.

Eie gemaak ryk.

Miskien dink jy die ryk was miljoenêrs en miljardêrs oornag. Nee, reg? Hulle is miljoenêrs omdat hulle besluit het om uit die pad van die gewone te kry en te inisieer 'n buitengewone loopbaan. Verbygaande slapelose nagte, die kweek van verhoudings, lees alles oor geld, beleggings, administrasie, verkope, bemarking, daaglikse motivering en self te verbeter. Is nie kyk sepies 7-10 pm 5 dae 'n week, is nie hang saam met vriende elke naweek, dit was nie deur hul kollege loopbaan, was nie omdat hulle werk hulle 'n klomp geld betaal. Nie een van daardie. Hulle is miljoenêrs omdat hulle was vasbeslote om ten koste van hul sweet en opoffering en 'n baie belangrike element, sit die hart in die werk, om te doen wat hulle geloof gehad het, Hulle het nie bly in die begeertes van wil om ryk te word. Bevestig en wil baie verskillende dinge wanneer jy sê dat jy iets geen hindernis sal tussen jou en jou doel staan nie, terwyl begeerte is iets oppervlakkig waar instink om iets te bereik is aan die genade van omstandighede, dit wil sê, as dit werk goed en indien nie, want dit het my nie pas nie, dit is 'n gedagte van 'n gemiddelde persoon sonder visie.

As jy spandeer drie en twintig uur per dag aan die oplossing van hul probleme te vind, nooit verlaat waar jy is.

Elke rykdom in hierdie wêreld het sy oneindige aantal mislukkings agter, nie alles is goud en rooi appels, daar is ook ou brood, slapelose nagte, styf beddens, loop op voet, afwesigheid van partye en 'n nul verskynings.

Geld is nie gebou uit die oornag, voordat jy jou moet gepoleerde as steenkool diamant rykdom is nie aangebied word aan diegene wat geen letsels gewerk en gelaat in die poging poging duisend man goed, behalwe vir diegene wat gebore miljoenêrs is baie min wat grasieuse dat vreugde.

My beste raad aan uit slegte skuld kry nie iets te koop wat jy nie veel minder tyd nodig het, as jy gaan om dit te doen, doen dit in een betaling na daardie geld het gered.

As jy die geld nie kan gebruik om meer geld te maak, moenie toelaat dat ander geld maak vir jou onkunde oor geld.

As Genereer meer inkomste **en meer produktief wees.**

Arm mense dink gedagte bloot probleme om jou baas, hierdie verhoog hulle en dit reg te stel. Die maklikste manier om meer inkomste te kry is versoek om 'n verhoging, natuurlik as jy dit kry. Mense in arm gees van mening dat indien jy van werk verander op soek na 'n beter inkomste jou lewe sal verbeter, verbeter 'n rukkie maar uiteindelik weer val in dieselfde, want die probleem van salarisse is altyd inflasie oorval en hoe meer jy groei, tussen die regering belasting en prys inflation're altyd swem teen die stroom, received'll die eerste en tweede maand van toename goed wees, die ergste is na reël dit jou uitgawes om die nuwe inskrywing ('n baie verkeerde manier om te bestuur geld). Dis soos hulle sê, hoe meer jy bestee, hoe meer jy verdien, en omdat ons kan nie meer wen en bly met dieselfde lewenstandaard as voor selfs tyd om 'n paar reserwes op te bou en maak ons lewe meer gemaklik daarna. Maar nee, ons het nooit gedink oor dit, het ons altyd die teenoorgestelde te doen, geld kom in, geld uit. So sien ons die ryk met 'n onbeperkte hulpbronne omdat hulle aanvanklik geoffer en dan lei 'n beter kwaliteit van lewe, maar nie net 'n beter kwaliteit van lewe, maar ook nooit weer hoef te staatmaak op meer as een salaris aan die einde van die maand.

Die probleem is nie in gebruik, die probleem is wat jy doen nadat hy die werk, nie opgevoed, dink nie, nie te belê net werk, eet en slaap, werk, eet en slaap. Dit sal nie ryk word nie.

'N werk is nie sleg nie, slegte is verlaat alle finansiële, toekoms en die hede probleme indiensneming. Dit beteken egter nie los jou groeiende eise vir meer inkomste. Jy moet dink aan iets buite die maatskappy waar LABORAS, werk 'n bietjie oor wat jy elke dag, fokus op jou lewe.

Ek is bang om te sê dat daar geen maklike maniere om meer geld te maak. Die enigste maklik dit is om die lotto te wen en om dit te bereik is nie 'n maklike pad, moet jy baie gelukkig wees.

Vind meer inkomste as die persoon stel en verorden is nie so moeilik nie, die eerste ding om te doen is om uit die gemaksone, dit wil sê ophou om gemaklik en begin doen wat mense doen met geld (goed lees , doen die dinge wat mense doen met geld).

Ons sal 'n paar van die dinge te lys

> **groei** VERHOUDINGS **positief.**

Wanneer ons praat oor die kweek van verhoudings is dit dat ons 'n begroting ons salaris bedoel om kennisse wat die taal van geld, besigheid, belegging van vriende wat jy aan te sluit, vriende kan leer soek. Arm mense dink nie oor besteding aan sulke dinge, want sy mentaliteit is nie genoeg om te dink wat hulle sal spandeer deel met ander sou dit gebruik om uit te gaan met sy ou vriende, dit is waar die probleem lê, altyd leef in dieselfde sirkel vriende, is nie wat vergeet, maar ons brei ons vriendskappe en nooit verloor as nie uitsluitlik nie, wat beteken dat as jy die eienaar van 100 arm vriende ten minste 3 vriende sakemanne en ryk, sal hulle jou die raad wat jy nodig het om te bied begin jou finansiële lewe en jou pad na sukses.

Ons moet leer dat nie almal van ons tyd is om losweg gebruik dit pret, ons almal verdien pret en 'n paar goeie lewe, maar ons kan ook aan belangrike mense en iets positiefs te sê het en wat ons nodig het ons eentonige en vervelige lewe .

> outomatiese EducArte **voortdurend**

Die grootste oorsaak van armoede in die wêreld is onkunde.

Daar is geen enkele geval in die wêreld en ten alle tye self-onderwys nie gevind die oplossing van die probleme van daardie persoon wat daartoe verbind om vry van alle kettings, wat jy moet vandag in die era word vrygestel inligting.

Luister, neem, te ondersoek, te lees, te leer ken, maak jouself bekend onder persone van hoë waarde. Bly nie in die duisternis van die gewone, te ontgin wat potensiaal in jou. Is die geheime wapen van jou familie, wat hulle gelas na 'n blink toekoms omdat hulle dit verdien, en wat meer as wat jy kan doen. Hart weet dat jy nie gebore te wees sonder meriete hoop. As dit is nie jy is die lees van hierdie boekie hoe om uit finansiële moeilikheid te kry en te vervolg jou lewe positief. As jy gewone was sou jy nie in konstante soek na 'n beter dag persoon na dag jy of jy sorg sou neem van jou gesin as die beste persoon om hulle te neem na die plek en leefstyl wat hulle verdien.

Diegene wat hul lewens te leef om die verstand te kweek en in 'n voortdurende soeke na die antwoorde vir sukses sal wees diegene wat sal ontvang, want geen lafaard vind 'n oorlog gewen, die lafaard jy weet binne wat nie gewen het nie, en selfs dit word aanbeveel dat jy woon of oorlog, nie wen nie. Die dapper selfs van die huis af begin wen gevegte, gevegte en oorloë wat sal verseker sy toekoms en gee hulle kinders 'n nalatenskap wat nie gebou is in een nag.

Ons het nog nooit iemand ontmoet wat is super intelligent en nog baie swak, dalk 'n paar van ons ou familie was 'n paar baie slim en bly swak, want voor dit was nie so veel rykdom gesoek soos dit vandag is, meer belangrik was eens waardes, eer, eerlikheid, ens Vir hierdie mense was die geld nie belangrik, meer gewaardeer as die werk self dat die betaling self. Ons leef nie meer in daardie wêreld so sag en neerbuigend.

Ons era vereis dat ons iets wat ons toelaat om nie te lewe oorleef as die oorgrote meerderheid deur middel van tegnologie en innovasie van baie uitvinders byderhand die mag om ons ryk te maak en miljoenêrs met 'n goeie idee, 'n goeie plan en gekoördineerde poging te skep . nie meer nodig het 'n geen getalle hektaar grond aan te oes en om ryk te word, hoef ons nie handelaar in staat wees om geld te hê, ons moet net 'n goeie idee en deur die middel beskikbaar bereik ons die hele wêreld en geken kan word in die verste hoek van die aarde waar die internet kom in so waardeer. Met 'n eenvoudige rekenaar, internet en 'n groot begeerte om te slaag kan word en het baie meer as wat jy dink.

Nie alles is saamgestel uit 'n salaris in die lewe en selfs super intelligente en groot drome in mense se lewe gekom om te werk vir gratis in 'n ander besigheid, hulle het daarin geslaag om die tabel oorskry nie vasgemaak word deur 'n goeie down betaling op iets wat nie is wat hulle sy hele lewe sou doen. Gratis werk beloon word en is baie groot, want as jy doen iets wat jy nodig het sal jy die ontvangs van jou betaling op die manier om jou besigheid lewe en besigheid en met baie goeie resultate te leer.

As jy gewoond raak aan een sal baie moeilik om ontslae te raak van dit te kry, want die lewe is werknemer die gemaklike kant van die lewe, die lewe van 'n entrepreneur is die lewe van opoffering van die mens. Om 'n algemene werknemer hoef nie 'n denkende persoon wees (as jou werk is handleiding), het jy nie nodig het om te leer oor onderhandelinge, verkope, strategieë mark, (as jou werk is om kliënte te bel vanaf 'n inbelsentrum).

Om jou iets jou eie te skep, indien nodig 'n buitengewone en bekwame persoon om geduld soos Job het nie, as die resultate in die meeste gevalle nie vinnig verskyn het om 'n plan B wat jou lewe as kan volhou nie dit groei en jy sit die idee om roll ontwikkel.

> **Hoe om meer TYD en doen wat jy hoef te doen.**

Die groot probleem van swak menslike verstand is nie gewaardeer die grootste rykdom wat God op aarde, tyd. Dikwels tyd mors sonder om te weet die intieme besonderhede met wie ons kan vennoot vir ons almal dat dit sal voorsien wat ons kortkom. Ons het nie die situasie te ontleed onder tyd om die drome wat ons almal begeer te bereik. Dit is noodsaaklik in die mens se lewe om te weet hoe om tyd te bestuur as jy wil om ryk en suksesvol is, wat is die sentrale tema van hierdie boek. As die tyd het ons nie gebruik word in die regte formaat kan al ons planne gaan in die afgrond van mislukking en straf. Net kyk na diegene wat deur die lewe gaan sonder drome of doelwitte en jou tyd is nie belangrik, want sy uurglas nie nie tot nie af werk,

Hulle het opgemerk dat terwyl ryker mense, beroemde en kragtige minder tyd. Hulle gebruik dit nie vir dinge wat nie enige positiewe resultate in jou lewe doen voorsien. As jy begin optree soos 'n ryk, vinnig aanhang hulle na u oortuigings en gewoontes en begin dink soos hulle en wanneer dit gebeur jou gedagtes uitbrei dinkskrum onbeperkte horisonne. Maar meestal kopieer die gewoonte van die gebruik van die tyd om dinge wat jy nader aan rykdom en ekonomiese welvaart bring nie.

Meer inligting oor GELD

Wat jy doen moet hou:

- Spandeer meer tyd om televisie te kyk as die lees van goeie boeke.
- Spandeer meer tyd gaan partye wat vergaderings en besigheid konferensies.
- meer tyd spandeer as om geld te maak.
- Endeudándote lewe te spandeer en nie om te belê in dinge van waarde.
- Wet sonder om te dink en ondergang verhoudings.
- Idle talk sonder om iets te sê.

Wanneer jy ophou spandeer tyd in nutteloos en jy wy jouself te werk aan jou, sê die lees, soek na nuwe vorme van persoonlike verwante, die bywoning van besigheid konferensies, geld, beleggings en finansies, wanneer jy al begin doen wat jou lewe begin verander vir goed. Hulle is maklik om dinge te bereik, jy moet net 'n paar gewoontes te verander, jy moet net jou verstand te herstel en maak dit anders dink, as hulle dink die ryk.

Jy begin om meer tyd te hê wanneer jy wakker word vroeg om te lees, oefening, mediteer, werk op jou projekte. Jy begin om meer tyd te hê in jou werk as jy doen wat jy moet doen in die kortste moontlike tyd en trek die ure wat jy belê in lees of 'n ander goeie gewoonte dat jy nader aan wat jy regtig wil wees bring.

Jy begin om meer tyd as ander wanneer elke minuut tel wanneer jy iets produktief doen, jy besef dat elke minuut wat jy spandeer op iets wat nie positief is dit af na jou drome, begin jy om meer tyd te hê wanneer jy van plan is om iets te doen 'n spesifieke en gaan in jou gedagtes terwyl berekening van die tyd wat jy nodig het en wat maak jy meer aandring, jy hard jy meer om dit te doen.

Tyd is ons goue standaard en wat is die grootste rykdom wat jy ooit kon dink is geneem.

Jy dink 'n miljardêr vandag, soos Carlos Slim, Warren Buffet, Jeff Bezos, Bill Gates, het lank hul lewens verloor het ?? ". Die antwoord is korrek versekering. GEEN. Om die idees wat hulle gehad het om te werk as hulle gewerk het kry en versamel die rykdom wat hulle opgehoopte kan nie bereik word sonder die toewyding 100% van hul tyd om daardie doelwitte te spuit en bereik wat heerlike sukses het gejuig met groot eggo die sewe winde die hele heelal.

Jy kan dit doen soos hulle, maar om dit te doen wat jy nie kan hou leef die lewe wat jy nou het. Geen opstaan teen 09:00, nie slaap 10 uur per dag, nie eens 2 boeke gelees per maand en nie fokus op die vind van idees om 'n toekoms te verseker vir jou familie, self nie die opvoeding van jouself in elke opsig, geestelike, emosionele, professionele en persoonlik. Jy kan nie groei sonder finansieel nie groei ...

Een van die nadele wat die arme klas is vermoedelik om te werk in 'n werk is genoeg om te oorleef en steeds ryk wees, of ten minste diegene wat dink eendag ryk. Wat is totaal verkeerd, baie selde gebruik sal genoeg geld om ryk te word op te wek, geen werkgewer is dom genoeg om soveel geld te betaal. Sommige uitvoerende hoof van super groot maatskappye soos Coca-Cola, appel, SANGSUM, ens, genoeg geld om te betaal hierdie bestuurders het nie die behoefte om te wil verkoop word aan ander as kompetisie. Miskien kan hulle ryk deur indiensneming wees, maar terwyl ander werknemers nooit finansiële vryheid, wat nie dieselfde as wat ryk sal hê.

Om tyd te hê en doen wat regtig belangrik is net wat nodig is om die eerste slegte gewoonte van alle arm gedagte 'n week verwyder, rus twee of drie dae, rus na die 17:00 tot 10 of 11 in die nag. Is dit nie genoeg tyd om baie ander dinge te doen, soos jaag ons drome as ons regtig wil om arm te verlaat. Stel jou voor jy maak geld op daardie tyd dat julle niks doen nie, byvoorbeeld van Maandag tot Vrydag 05:00-11:00., Ses uur, byna gelyk aan die ure wat jy spandeer in die kantoor wat 8 minste een middagete sewe minste een uur geskuifel en gaan na die badkamer, ses sou net soos wat jy spandeer in die kantoor.

As iemand sê hulle het nie tyd om te doen ander aktiwiteite genereer geld is eintlik omdat jou gees nie voorstel dat meer geld kan genereer nie. Tyd wanneer jy wil om te kyk na elke moontlike manier. Dit is soos wanneer jy in die skool, jy het hangende take, ambagte doen by die huis en wil jou vriende uit te nooi om deel te hê aan die huis van een van hulle. Dink, vinnig doen take en kunsvlyt wat my ma my vermaan om tyd te hê om uit te gaan saam met my vriende, inderdaad, doen alles wat in 'n rekordtyd, soos nog nooit tevore. Want jy het 'n doel wat jy wil bereik, gaan met jou vriende. Ek is seker nie vir die uitgang met jou vriende, al wat jy moet doen het nie jy gooi in so 'n kort tyd sonder iets anders om te doen. Ook optree ons regdeur ons lewens,

Ek lees in 'n boek eenmaal dat mense bewoon die presiese tyd wat ons het om sake te doen soos gewoonlik, dit wil sê as ons moet 'n deur die bou van byvoorbeeld en wat in opdrag het gesê die lys behoeftes in 5 dae, sal jy vyf dae om te neem, want jou gedagtes is geprogrammeer vir daardie, maar as dieselfde deur jou dit vra om die eindstreep in 12 uur nie meer en nie minder afwerking dit in 12 uur is die tyd wat jy het om daardie kliënt te ontmoet en verdien 'n bietjie geld . Ons is in staat om alles wat ons wil doen nie, die enigste ding staan, is luiheid en gebrek aan konsentrasie in wil meer tyd te hê, enigiets wat jy wil jy bereik as jy 'n plan wat streef na alles wat so in werking te stel waarin jy woon.

¿Inkomste vermeerder of verminder Koste?

Wat jy verkies jou, verhoging van inkomste of afname uitgawes te maak eindig ontmoet? Ek dink jy sal met my saamstem dat die beste besluit is om inkomste te verhoog nie, maar omdat daar altyd 'n maar vir almal, verhoging van inkomste is nie so maklik soos wanneer ons sê ek sal nie meer betaal kabel diens omdat hulle nie genoeg geld het. Verhoging van inkomste vereis maandelikse baie opofferings en ook belegging in kennis en diversifisering van daaglikse tyd, baie kan nie, of nie weet hoe om dit te doen omdat hulle glo dat die enigste manier om inkomste te verdien, is deur die gebruik 8-5 middag.

Die eerste raad wat ek kan gee om hierdie probleem is dat jy eers jou horisonne te verbreed, as jy wil om jou uitgawes te verminder of te vind maniere om jou inkomste te verhoog en nie om te lewe met minder kans. Wanneer ons leer om te dink, te skep idees, soek oplossings en bedaar ons ekonomiese probleme deur jag vir nuwe bronne van inkomste, ons maak die deure na talle sukses wat nie die heelal so groot dit kan ons grootheid oorskry. So moenie fokus op kinders minder, indien nie beter lewe met 'n beter kwaliteit van lewe, maar eers moet jou gedagtes voor te berei om geld te maak.

Geld is 'n produk wat gebruik word om meer en meer geld te maak, as jy alles spandeer jy verdien en dan kla jy dat jy nie geld het of jy wag vir 'n geleentheid om te spaar of belê, kan jy nooit 'n miljoenêr geword het. Onthou dat die rykes ryk omdat hulle sent versorg van hierdie goed gehou en reinvesting hulle en beweeg elke dag kan miljoene geword dit is wat ons almal wil bereik. Hoe kan jy die top van 'n boom te reik na die mees soet en ryp vrugte as jy nie kan klim of nie enige gereedskap om daar te kom nie vind. Dieselfde gebeur met die geld as jy nie red nie omdat jy 'n paar wen, sal jou nie red nie veel as jy wen, is alles 'n kwessie van gewoontes en kweek goeie tyd.

Maniere om jou inkomste te verhoog:

- ✓ Word deel van jou huis kantoor of 'n klein besigheid of 'n kamer wat jy hoef te spaar huur.
- ✓ Begin met die verkoop alles wat jy kan dink en dit is binne die wet.
- ✓ As jy 'n outomatiese begin doen 'n paar uur van uber of taxi's, praat met al jou bure en hulle vertel dat jy taxi's te huur vir jou in jou vrye ure.
- ✓ As jy 'n professionele in enige gebied is om te adverteer deur middel van netwerke en amisgo om kliënte te lok.
- ✓ As jy geld gespaar het op soek na 'n manier om dit te laat groei óf iets wat jou laat sit geld of vaste termyn koop.
- ✓ Op soek na dinge by die huis wat jy nie meer nodig het en publiseer dit op 'n bladsy rommel verkope.
- ✓ Op soek na 'n geld en koop items gewild as tegnologie, veiligheid, ornamente, huis, ens in amazon of alibaba en revendelos met 'n winsgrens.
- ✓ Praat met almal wat jy ken en plantleales vriende en jy is bereid om nagte en naweke te werk om jou te beveel.

Meer inligting oor GELD

- ✓ Stap in die bladsye wat jy werk ken en te sien of daar enige vakature wat kan ontmoet in jou vrye tyd, daar is net werk naweke, na te gaan.
- ✓ Skep 'n YouTube-kanaal en maak video's wat mense daarvan hou.
- ✓ Word blogger of skrywer en begin skryf oor 'n paar interessante onderwerp en kry bekendheid.
- ✓ Gebruik jou selfoon vir meer as net gesels en kyk video's, dit is 'n onuitputlike bron van inkomste.

Meer inligting oor GELD

✓ Dit is 'n klein hand om sy lewe van oorvloed en welvaart, wat nie kom as ons nie opoffer om die luukshede en vermaak waarvan ons altyd deseososo eerste red en voor te berei vir die toekoms lank voor ons begin. Ek het nie n beroep op julle om nie te doen nie of nie, maar eerder dat jy dink is meer belangrik, pret vir 'n paar dae nou, of rustigheid en gemoedsrus vir jou lewe wanneer jy jou gedagtes beide wesenlik en geestelik voor te berei vir die rykdom van die wêreld.

✓

✓ Totdat die volgende handleiding leer wenke oor geldbestuur.

einde

Meer inligting oor GELD

nderdaad, geredigeer en geskryf deur:

Jose Armando Herrera

Skrywer van die boeke:

Neem besit van rykdom

afwykende jy

geluk werkswinkel

Volg ons op:

Blog: www.motivatumente1.blogspot.com

Instagram: @consejodecrecimiento

Facebook: Persoonlike Groei Raad

E-pos: consejosdecrecimiento1@gmail.com

Latino Dominikaanse Republiek